Joseph
HAYDN

DIE SCHÖPFUNG
Hob. XXI:2
(1798)

Vocal Score
Klavierauszug

PETRUCCI LIBRARY PRESS

CONTENTS
Part I

Part II

Part III

ORCHESTRA

3 Flutes
2 Oboes
2 Clarinets
2 Bassoons
Contrabassoon

2 Horns
2 Trumpets
3 Trombones

Timpani
Fortepiano

Violins I
Violins II
Violas
Violoncellos
Doublebasses

Duration: ca. 110 minutes

First Performance: April 30, 1798
Vienna, Schwarzenberg Palace
Soli, Chorus and Orchestra / Composer

This vocal is an unabridged, digitally-enhanced reissue of the score originally
issued ca.1920 by Breitkopf & Härtel, Leipzig (plate 29169).

ISBN: 1-978-60874-061-1

Die Schöpfung
(The Creation)
Hob. XXI:2

Gootfried van Swieten

Joseph Haydn (1732–1809)
Piano reduction by Paul Klengel

Erster Teil   First Part   Première partie

Nr. 1 Die Vorstellung des Chaos

attacca

Nr. 2 Rezitativ und Chor

4

Nr. 3 Arie und Chor

10

12

14

16

Nr. 4 Rezitativ

18

Nr. 5 Solo mit Chor

24

G.

laut ———————————————————————————— er - tönt des Schöp - fers
loud ———————————————————————————— *resounds the praise of*
beau ———————————————————————————— quel beau deu - xiè - me

Tags, und laut, und laut er - tönt des Schöpfers Lob, das Lob des zwei - ten
day, and loud, and loud resounds the praise of God, they praise the sec - ond
jour, cri - ons, cri - ons: lou - an - ge au cré - a - teur, quel beau deu - xiè - me

Tags, und laut, und laut er - tönt des Schöpfers Lob, das Lob des zwei - ten
day, and loud, and loud resounds the praise of God, they praise the sec - ond
jour, cri - ons, cri - ons: lou - an - ge au cré - a - teur, quel beau deu - xiè - me

Tags, und laut, und laut er - tönt des Schöpfers Lob, das Lob des zwei - ten
day, and loud, and loud resounds the praise of God, they praise the sec - ond
jour, cri - ons, cri - ons: lou - an - ge au cré - a - teur, quel beau deu - xiè - me

Tags, und laut, und laut er - tönt des Schöpfers Lob, das Lob des zwei - ten
day, and loud, and loud resounds the praise of God, they praise the sec - ond
jour, cri - ons, cri - ons: lou - an - ge au cré - a - teur, quel beau deu - xiè - me

13

G.

Lob, das Lob des zwei - ten Tags.
God, they praise the sec - ond day.
jour, quel beau deu - xiè - me jour.

Tags, das Lob des zwei - ten Tags.
day, they praise the sec - ond day.
jour, quel beau deu - xiè - me jour.

Tags, das Lob des zwei - ten Tags.
day, they praise the sec - ond day.
jour, quel beau deu - xiè - me jour.

Tags, das Lob des zwei - ten Tags.
day, they praise the sec - ond day.
jour, quel beau deu - xiè - me jour.

Tags, das Lob des zwei - ten Tags.
day, they praise the sec - ond day.
jour, quel beau deu - xiè - me jour.

46

Nr. 6 Rezitativ

Raphael

Und Gott sprach: Es samm_le sich das Was_ser un_ter dem
And God said: Let the wa_ters un_der the heav _ ens be
Et Dieu dit: Les eaux qui sont en bas de_vront ne for_

Him_mel zu_sammen an ei _ nem Platz, und es er_schei_ne das trockne Land;
gath_ered to_geth_er un_to one__ place, and let the dry land ap_pear;
mer qu'u_ne mas_se au mê _ me lieu; ail_leurs,le sol doit par_tout sé_cher;

und es ward so. Und Gott nann_te das trock_ne Land Er_de, und die
and it was so. And God call_ed the dry land Earth, and the
et ce_la fut. Dieu nom_ma les ter_rains sé _ chés Ter _ re, et l'es_

Samm_lung der Wasser nann_te er Meer; und Gott sah, daß es gut war.
gath_er_ing of wa_ters call_ed He Seas; and God saw that it was good.
pa _ ce oc_cu_pé par l'eau fut la Mer; et Dieu vit que c'é_tait bon.

28

Nr. 7 Arie

34

Nr. 9 Arie

38

Nr. 10 Rezitativ

Nr. 11 Chor

44

46

48

50

Nr. 12 Rezitativ

Uriel

Und Gott sprach: Es sei'n Lich-ter an der Fe-ste des Himmels, um den
And God said: Let there be lights in the fir-ma-ment of the heaven, to di-
Et Dieu dit: Qu'il y ait aux cieux de grands lu-mi-nai-res qui sé-

Tag von der Nacht zu scheiden und Licht auf der Er-de zu geben, und es sei'n
vide the day from the night, and to give light up-on the Earth; and let them
pa-rent les jours des nuits, ver-sant leur lumière à la ter-re; et, que leurs

die-se für Zei-chen und für Zei-ten und für Ta-ge und für
be for signs and for sea-sons, and for days, and for
cour-ses sup-pu-tent jours, an-né-es; Dieu cré-a aus-si la

Jah-re. Er mach-te die Ster-ne gleich-falls.
years. He made the stars al-so.
lu-ne, et fit des mil-liers d'é-toi-les.

Nr. 13 Rezitativ

Andante

Rezit.
Uriel

In vollem Glan_ze stei_get jetzt die Son_ne strah_lend auf,
In radiant brightness ris_es now the sun, re_splendent shining;
Pa_ré de gloi_re, monte en globe ardent le clair so _ leil.

ein won_ne_vol_ler Bräuti_gam,
Earth's rap _ tur_ous bride groom,
Quel fier, quel no_ble fi_an_cé!

ein Rie_se stolz und
a gi_ant glad and
gê_ant toujours jo_

froh, zu rennen seine Bahn.
glorious, *to run his ordered course.*
yeux, qui monte et suit son cours.

a tempo, più adagio

Mit lei_sem
With lus_tre
Sui_vant aux

52

Nr. 14 Terzett und Chor

Allegro

Soprano: Die Him_mel er_zäh_len die Eh_re_ Got_tes,
The heav_ens de_clare_ the glo_ry of God,
Les cieux nous dé_rou_lent de Dieu la_ gloi_re;

Alto: Die Him_mel er_zäh_len die Eh_re Got_tes,
The heav_ens de_clare_ the glo_ry of God,_
Les cieux nous dé_rou_lent de Dieu la_ gloi_re;

Tenore: Die Him_mel er_zäh_len die Eh_re Got_tes,
The heav_ens de_clare_ the glo_ry of God,_
Les cieux nous dé_rou_lent de Dieu la gloi_re;

Basso: Die Him_mel er_zäh_len die Eh_re_ Got_tes,
The heav_ens de_clare_ the glo_ry of God,_
Les cieux nous dé_rou_lent de Dieu la gloi_re;

Allegro — f Tutti — Str.

und seiner Hän_de Werk zeigt an das Firma_ment,
the firmament shows forth the wonders of his work,
des œuvres de sa main s'emplit le firma_ment;

und seiner Hän_de Werk zeigt an das Firma_ment,
the firmament shows forth the wonders of his work,
des œuvres de sa main s'emplit le firma_ment;

und seiner Hän_de Werk zeigt an das Firma_ment,
the firmament shows forth the wonders of his work,
des œuvres de sa main s'emplit le firma_ment;

und seiner Hän_de Werk zeigt an das Firma_ment,
the firmament shows forth the wonders of his work,
des œuvres de sa main s'emplit le firma_ment;

Tutti — sf — Str.

60

66

68

Zweiter Teil   Second Part   Deuxième partie

Nr. 15 Rezitativ

Nr. 16 Arie

den Mor - gen grüßt der Ler_che fro_hes Lied, und
a morn - ing greet - ing car_ols gay the lark; *and*
l'a_lou_et - te chan_te dans le frais ma_tin; d'a -

B

Lie - be, und Lie - be girrt das zar - te
lov - ing, *and lov - ing,* *coo and call the*
mour épris, d'amour épris, tourne un cou - ple

Viol.Fag.

Tau - ben_paar, girrt das zar - te Tau - ben_paar, und
ten - der doves, *coo and call the ten - der doves,* *and*
de ramiers, tourne un cou - ple de ramiers; pi -

Lie - be, und Lie - be girrt das zar - te Tau - ben_paar, girrt das zar - te
lov - ing, and lov - ing, *coo and call the ten - der doves,* *coo and call___ the*
geon et co_lom_be font dans l'air de ten_dres jeux, font de ten - dres

sf *p*

Tau - ben_paar. Auf star - kem Fit - ti_che
ten - der doves. *On might - y pin - ions*
jeux___ d'a_mour. D'un fort é - lan, l'ai_gle

Fl.

sf Str.Fag. *p*

74

Nr. 17 Rezitativ

Raphael

Und Gott schuf große Wal - fi - sche und ein jedes le - ben - de Geschöpf, das sich be-
And God cre - at - ed great whales, and ev'ry liv - ing creature that
Et Dieu cré - a les grands squales; de ba - leines et nombreux poissons les eaux s'em-

we - get, und Gott seg - ne - te sie, sprechend: Seid fruchtbar al - le,
moveth; and God bless - ed them, say - ing, Be fruit - ful all, and
plirent; et Dieu vint les bé - nir, et dit: Mul - ti - pli - ez, tous.

meh - ret euch! Be - woh - ner der Luft, ver - meh - ret euch, und singt auf je - dem
mul - ti - ply; ye dwell - ers in the air, be mul - ti - plied, and sing on ev' - ry
Vous, oiseaux, les hô - tes de l'air, crois - sez sans fin, chantez sur cha - que

A - ste! Meh - ret euch, ihr Flu - ten - be - woh - ner, und
tree; mul - ti - ply, ye dwell - ers in the wa - ters, and
bran - che. Vous, poissons, et hô - tes des on - des, peu-

Nr. 18 Rezitativ

Nr. 19 Terzett und Chor

82

84

92

96

102

104

91

Nr. 20 Rezitativ

Raphael

Und Gott sprach: Es bri_ge die Er_de her_vor
And God said: Let the earth_____ bring forth
Et Dieu dit: Que nais_sent sur ter_re en tous lieux,

R. le _ ben _ de Ge _ schöp _ fe nach ih _ rer Art, Vieh und
the liv _ ing crea _ ture af _ ter his kind, cat _ tle, and
tous, se _ lon l'es _ pè _ ce, de grands trou _ peaux, et, les

R. krie _ chendes Ge _ würm, und Tie _ re der Er _ de nach ih _ ren Gat _ tun _ gen.
creep _ ing thing, and beast of the earth, af _ ter his kind.
au _ tres a _ ni _ maux, ser _ pents et ver _ mi _ ne, sans fin, que tous, croissent.

Presto

Nr. 21 Rezitativ

Raphael

Gleich öff _ net sich der Er _ de Schoß,
Straight o _ pen _ ing her fer _ tile womb,
A _ lors, la ter _ re ouvrant son sein,

f Str. Fag. Str. p

und sie ge _ biert auf Got _ tes Wort Geschöpfe je _ der Art, in vollem Wuchs und oh _ ne
the earth brought forth at God's command creatures of every kind, all fully grown, in countless
sur l'or _ dre du Seigneur for _ ma des couples très nom _ breux de toute es _ pè _ ce d'a _ ni _

Mit fliegender Mähne   springt und wiehr't   voll Mut und Kraft
All vigour and fire,   with fly ing mane,   im pa tient neighs
Voi ci que se dres se,   hen nis sant,   les crins au vent,

das ed le Roß.
the noble steed.
l'ar dent che val.

Andante

Auf grü nen Mat ten   wei det schon das Rind, in Her den ab ge teilt.
On pas tures green the cat tle seek their food, di vid ed in to herds;
Les prés ver dis sent,   ri ches en bé tail qui pait en grands trou peaux.

110

Nr. 22 Arie

114

Nr. 23 Rezitativ

Nr. 24 Arie

120

Nr. 25 Rezitativ

En - de des sechs - ten Ta - ges mit lau - tem Ge - sang.
end of the sixth day, thus sing - ing a - loud.
ter le si - xiè - me jour leurs chants les plus beaux.

Nr. 26 Chor und Terzett

Soprano

Voll - en - det ist das gro - ße Werk;
Now end - ed is the glo - rious work;
Les mon - des sont par - tout cré - és;

Alto

Voll - en - det ist das gro - ße Werk; der
Now end - ed is the glo - rious work; the
Les mon - des sont par - tout cré - és; et

Tenore

Voll - en - det ist - das gro - ße Werk;
Now end - ed is — the . glo - rious work;
Les mon - des sont par - tout cré - és;

Basso

Voll - en - det ist das gro - ße Werk; der
Now end - ed is the glo - rious work; the
Les mon - des sont par - tout cré - és; et

144

Dritter Teil   Third Part   Troisième partie

Nr. 27. Rezitativ

Bald singt in lautem Ton ihr Mund des Schöpfers Lob.
And soon in joy-ful strains, they sing their Mak-er's praise.
Chantant leur bel a-mour, ils ren-dent grâ-ce à Dieu.

Laßt unsre Stimme dann sich mengen in ihr Lied.
Then let our voic-es too u-nite with theirs in song.
Que nos céles-tes chœurs s'u-nis-sent à leurs chants.

Nr. 28. Duett mit Chor

Von dei - - ner
With praise of
Ai - ma - - ble et

Von
With
Ai -

160

166

168

172

176

178

180

Nr. 29 Rezitativ

Adam

Nun ist die er_ste Pflicht er_füllt; dem Schöpfer ha_ben wir gedankt.
Our first great du_ty is ful_filled. In wor_ship have we thanked our God.
Un grand de_voir est ac_com-pli, c'é_tait de ren_dre grâ_ce à Dieu.

Nun fol_ge mir, Ge_fähr_tin mei_nes Le_bens!
Now fol_low me, my life's com_pan_ion, come!
Viens main_te_nant, compa_gne de ma vi_e,

Ich lei_te dich, und je_der Schritt weckt neu_e Freud in uns_rer Brust, zeigt
Thy guide I'll be; and ev_ery step a_wakes new joys with_in our breasts, shows
viens où je vais, et nous verrons, la joie au cœur, à chaque pas mer_

Wun_der ü_ber_all. Er_ken_nen sollst du dann, welch un_aus_sprechlich
*wonders ev_ery_where. Come, and thou shalt per_ceive what bliss be_yond com_*
veil_les en tous lieux. Et, tu sau_ras a_lors de quels bien_faits sans

186

190

196

198

Nr. 31 Rezitativ

200

Nr. 32 Chor

204

206

Made in the USA
Middletown, DE
14 August 2018